AF265632

RAPPORT

FAIT

AU CONSEIL GÉNÉRAL DE LA COMMUNE,

SUR L'ORGANISATION DES BUREAUX

DE L'ADMINISTRATION DE LA MUNICIPALITÉ;

Conformément aux Arrêtés du Corps Municipal.

Messieurs,

Le Corps Municipal nous a fait l'honneur de nous nommer MM. Dacier, Andelle, Bernier & moi, Commiſſaires pour rendre compte de l'organiſation des bureaux des différens départemens de la Municipalité.

Pluſieurs circonſtances, qui vous ſont connues, Meſſieurs, telles que les ſuppreſſions que l'on a jugées néceſſaires, une nouvelle forme à établir dans la comptabilité, la diſtraction de pluſieurs parties d'adminiſtration dont la Municipalité étoit chargée, comme les Domaines nationaux, les Atteliers publics, les Impoſitions, mais, ſur-tout, les affaires générales qui conſomment preſqu'en entier les ſéances journalières du Conſeil municipal, ont retardé le rapport que nous allons vous ſoumettre d'après ſes ordres, ainſi que le réſultat des fixations qu'il a arrêté proviſoirement.

Les Commiſſaires ſe ſont d'abord occupés des moyens d'établir l'uniformité dans la compoſition des bureaux ; mais en reconnaiſſant les avantages d'un plan qui trace la même marche pour toutes les affaires, MM. les Adminiſtrateurs ont obſervé que ce ſeroit expoſer le ſervice à une interruption dangereuſe, en dérangeant l'ordre ſuivi par la Municipalité proviſoire, dans un moment où les anciens Adminiftrateurs travailloient à la rédaction de leurs comptes. On a donc dû fe borner à élaguer les parties inutiles, en organifant ces Comités ou Départemens, conformément aux difpofitions du Décret fur la Municipalité de Paris.

Mais, examinant avec une attention fcrupuleufe les détails de toutes les parties des départemens, le Corps municipal n'a pas perdu de vue qu'une économie mal entendue étoit fouvent nuifible ; & que, fous le rapport de la double fonction de furveillance & d'exécution, dont les Adminif-trateurs étoient chargés, la dépenfe bien entendue, dans l'organifation, devoit être couverte avec avantage & par les frais bien plus confidérables qu'elle peut éviter, & par la fatisfaction d'offrir aux citoyens un fervice tel, qu'ils s'ap-plaudiffent de la nouvelle forme d'adminiftration.

En effet, Meffieurs, l'objet de l'Adminiftration eft de pourvoir à tout à propos, d'y pourvoir avec jufteffe ; l'objet des Adminiftrateurs eft d'opérer avec ordre, & de fe mettre en état de rendre un compt eexact de leurs opérations; il faut donc que l'Adminiftration foit tellement organifée, que jamais les Adminiftrateurs ne foient expofés à des oublis ou à des écarts.

La forme de notre Adminiftration, décrétée par l'Af-femblée nationale, le befoin de la refponfabilité, ont fait une loi aux Adminiftrateurs de diftinguer l'Adminiftration fous deux rapports : 1° Sous celui de l'Adminiftration géné-

rale de chaque département : 2° Sous celui de l'Adminiftration particulière de chacune de leurs divifions.

Les Adminiftrateurs ont des affaires de nature à être
traitées en commun ; ils ont une correfpondance à tenir
avec M. le Maire, pour les renvois qui leur font faits ;
enfin, chacun d'eux étant dans le cas d'ordonner des
dépenfes, & les ordonnances devant être fignées par deux
Adminiftrateurs, il exifte une refponfabilité commune qui
a néceffité une comptabilité réunie, dans chaque département.

D'après ces principes, l'Adminiftration des départemens
peut être confidérée fous un point de vue général ; ce
qui la conftitue fous le point de vue particulier, eft facile
à faifir par l'obligation où la Loi a mis les Adminiftrateurs de fe divifer les détails de l'Adminiftration.

Ainfi, pour lier l'Adminiftration générale avec l'Adminiftration particulière, on a fenti la néceffité de plufieurs
ordres de bureaux.

L'un où toutes les affaires arrivent, qui les diftribue à
toutes les autres branches, divifées entre les Adminiftrateurs.

L'autre eft celui des divifions particulières où chaque
affaire, felon fa nature, fe fuit & fe décide.

Enfin le troifième ordre du bureau eft celui où toutes les
affaires, fufceptibles de dépenfe, fe confondent avec ordre ;
là, eft le compte général des Adminiftrateurs ; là exifte

un contrôle, qui peut relever les erreurs de chacun d'eux.

Voilà les vues qui nous ont paru compofer tout le fyflème d'une bonne Adminiftration.

Mais un des points importants de notre rapport étoit de fixer la décifion de la Municipalité, fur le traitement à accorder aux commis & employés. Le Confeil municipal a penfé qu'à cet égard, il ne pouvoit adopter des bafes plus fûres que celles qui ont été établies par l'Affemblée nationale, pour les différentes Adminiftrations, dont elle a décrété le mode, telles que les Poftes, la Régie générale des Domaines, le Tréfor public.

Les chefs de bureau y font portés à 3,600 liv.; les fous chefs, à 2,400 liv.; les commis à 2,000, 1,800, 1,500, 1,200 liv.; & les copiftes, fur le pied de 1,000 livres par an.

Mais il eft une confidération qui naît de l'ancienneté des fervices, & vous fentirez, Meffieurs, qu'un commis employé depuis de longues années, mérite des égards; & que l'on ne peut les lui marquer que par un fupplément de traitement, proportionné à la durée de fes fervices. Le Confeil municipal, en conféquence, a adopté la mefure d'une augmentation graduée, favoir : le fujet qui jouit d'une place & des mêmes appointemens, depuis cinq ans au moins, doit recevoir, après trente ans d'exercice, le tiers en fus de fes mêmes appointemens; après vingt

ans, le quart ; à quinze ans, le huitième ; & à dix ans,
un dixième de fupplément.

Les dépenfes de l'Adminiftration viennent d'être di-
minuées de plus de 150 mille livres ; cependant le réfultat
du tableau les élèvent encore au-delà de 500,000 livres.
Cette maffe effrayante, au premier afpect, ceffe d'étonner ;
lorfque l'on confidère que les divifions de l'Adminiftration
municipale réuniffent aujourd'hui tous les objets qui étoient
ci-devant du reffort de l'ancien Hôtel-de-ville, du Lieute-
nant de Police, du Prevôt des Marchands, de l'Intendant
de Paris, d'une partie des bureaux du Miniftre de l'intérieur & des ponts & chauffées pour le pavé, objets dont
la feule geftion de bureaux fe montoit, d'après le relevé
qui en a été fait, à 17 cents mille livres.

Les Commiffaires ont dû prendre une connoiffance exacte
& fuivie des fonctions attribuées à chaque commis ou
employé. Ils ne fe font pas diffimulé combien étoit dé-
l'cate la miffion qui, en leur prefcrivant de manifefter
leur opinion fur des réformes dont quelques parties leur
paroiffoient fufceptibles, les expofoit à contrarier les opérations de leurs collègues ; mais, par-tout, nous avons trouvé
la plus grande volonté de faire régner l'ordre & l'économie ;
ils nous rendront la juftice, que nulle confidération per-
fonnelle n'a déterminé nos avis motivés, lorfque nous

nous fommes perfuadés de la poffibilité de procurer l'avantage de la Commune, fans altérer·le fervice.

Les divifions de l'Adminiftration de la Municipalité,
font :

Les Subfiftances.

La Police.

Les Domaine & Finances.

Les Établiffemens publics.

Les Travaux publics.

Le Secrétariat de la Municipalité.

Les Bureaux de la Mairie.

Le Parquet de la Commune.

La Bibliothèque.

Les Archives.

Le Département de la Garde nationale.

Les Concierges.

SUBSISTANCES.

SUBSISTANCES.

LE Département des Subſiſtances eſt partagé en trois Diviſions.

La première comprend l'achat, conduite, emmagaſinement, conſervation & emploi des grains & farines; l'inſpection & la ſurveillance ſur les moulins, ſur la halle, les magaſins & dépôt de grains; la comptabilité tant en argent qu'en nature, & le réglement des comptes des particuliers qui ont des ſommes à répéter contre la Municipalité, pour raiſon des ſubſiſtances;

Elle eſt compoſée d'un Chef, d'un Sous chef & de ſept Commis.

MM.

CHAUDOUET, Chef, — la comptabilité, la diſtribution du travail avec les notes inſtructives, le réglement des comptes, ... 3,600l.

LECLERC, Sous-chef, — la correſpondance, tant dans l'intérieur de Paris qu'au dehors & avec les Municipalités, relativement aux ſubſiſtances, ... 2,400

MABILLE, premier Commis, — outre la correſpondance dont il eſt chargé, de concert avec le Sous-chef, il continue le travail ſur ce qui reſte dû aux Boulangers pour la prime qui leur a été accordée & l'appurement des comptes des convois de farine. 2,000

COUDER DE S.-JULIEN, — la tenue de tous les comptes ouverts avec les Gardes-magaſins, Meûniers, Fourniſſeurs & la Halle; la tenue du grand livre de la comptabilité en nature, ... 1,800

BATHELIER, — les extraits des mémoires adreſſés au Département, ou envoyés par M. le Maire, & leur enregiſtrement, 1,800
____

11,600

De l'autre part, ... 11,600 l.

M M.

ROUQUET, — le dépouillement journallier des 73 feuilles d'arrivée, & la formation des états du pain, ainsi que de tous les grains & farines entrés jour par jour dans Paris, ... 1,500

SEIGNEURET, — les extraits & le dépouillement des comptes des particuliers, l'enregistrement & les extraits des piéces comptables, jointes aux mandats, ainsi que les comptes des moutures, la formation des états, & tout ce qui est relatif à la comptabilité en argent, 1,500

DAURENSAN, — l'enregistrement des mandats sur la caisse, celui des lettres & des ordres de l'administration, . 1,200

MASSINOT, Commis aux écritures, — travaille particulièrement sous la dictée de l'Aministrateur, ... 1,200

TOTAL, ... 17,000

A cette Division sont attachés les Préposés à la garde des magasins à farines & bleds, dont l'état a été arrêté provisoirement par le Corps Municipal, sans rien préjuger sur le nombre de ces magasins & sur la nécessité de leur conservation.

MAGASINS A FARINES.

ÉCOLE MILITAIRE.

BOUCHOTTE, Garde-magasin, — le traitement du sieur Bouchotte n'avoit point été fixé jusqu'à ce jour, il n'a rien reçu depuis le mois de Juillet 1789, & il sera payé d'après les comptes reglés par le Gouvernement, ... 3,000

CHAUDOUET, Contrôleur, ... 1,800

4,800

M M.   *Ci-contre*, ...   4,800 l.

PAIN-DE-BLED, Commis du Bureau, — chargé de la tenue
  des livres & de la comptabilité, ...   1,800 l.

LECESNE, Commis du-Magasin, — la conduite des
  magasins & ouvriers, ...   1,500

DONARD, — la réception & l'expédition des grains, . .   1,200

BLANCHET, Commis aux Ecritures, ...   1,200

   Commis aux Ecritures, avoit 1,100 liv. de
traitement, supprimé à compter du premier Juillet.

     TOTAL, ...   10,500

S.-MARTIN-DES-CHAMPS.

PEYRÉ, Garde-magasin, — *même observation que pour M.*
  Bouchotte, de l'Ecole-Militaire, ...   3,000

SCHEUT, Contrôleur, ...   1,500

LAURAIN, Commis, — la tenue des livres & de la comptabilité, ...   1,500

DESHAYES, — la vérification des entrées & sorties des farines
  du Magasin.   900

BONNECASE, — la surveillance des ouvriers & de la manu-
  tention, ...   1,200

DU CROIZÉ, — *idem*, à l'Arsenal, ...   1,080

. . . . à Popincourt, avoit 1,080 liv., supprimé depuis la
  translation du magasin.

BAPTISTE, — au Pont-aux-Biches, sera supprimé dans peu
  avec le magasin, ...   1,080

     TOTAL, ...   10,260

CORBEIL.

VAUVILLIERS - LACROIX - MORLOT, avoit 6,000 liv. de
  traitement, réduit à la moitié, qui sera aussi supprimé, lorsque les farines seront enlevées, . . .   3,000

Un Commis, ...   600

     TOTAL, ...   23,600

A

S. - D E N Y S.

MM.

Mahieu, Garde - magasin, — *même observation que pour M. Bouchotte de l'Ecole Militaire,* . . . . 2,400l.

Langlois, Contrôleur, ... 1,200

S.-Perez, Commis du Bureau, ... 1,000

Prestereau, Commis du Magasin, ... 1,000

Total, ... 5,600

P O N T O I S E.

Le traitement des sept Employés dans ce magasin a été supprimé, comme n'étant plus utile pour l'approvisionnement de la Ville de Paris.

M A G A S I N S   A   B L E D S.

MM.

Leger, Inspecteur général ; *même observation que pour M. Bouchotte de l'Ecole Militaire.* . . . . 3,000l.

Dupil, Garde magasin, à la Salpétrière. 720

Noel, *idem* rue de l'Ourfine, ... 720

Charpentier, *idem*, aux Chartreux. 720

Bienvenu, *idem*, à Ste-Géneviéve. 720

Richard, *idem*, place aux Veaux. 720

Papillon, *idem*, Halle au Vin. 720

Mazeres, *idem*, rue de Seine. 720

Chaillot, *idem*, Hôtel de Soubife. 720

Bigois, *idem*, rue Verte. 720

Chevreau, *idem*, rue de Trainel, ... 720

Bourguet, *idem*, rue Amelot. 720

Total, ci. 10,920

H A L L E.

Le Corps Municipal a ordonné aux Adminiftrateurs du Départe-ment de lui préfenter inceffamment un travail fur la direction & l'adminiftration de la Halle, & les traitemens des Employés ci-après ne font, en conféquence, fixés que provifoirement.

MM.

Viger, Directeur & Contrôleur, Employé à la Halle depuis 40 ans, — la furveillance de tous les Employés; tient les registres de vente, fait la recette de la rétribution que payent les Facteurs, & acquitte les dépenfes qui lui font ordonnées, ... 3,900 l.

Benoit, Concierge depuis 1780, — l'enregiftrement de l'arrivage des farines, & fpécialement du travail qui concernoit les farines du Gouvernement, ... 1,800

Jouan, — Commis depuis 1785, tient le grand compte ouvert pour les états des Facteurs, relativement aux arrivages, prix & payements qu'ils font à leurs Marchands 1,000

Lieubray, — Commis. Les états journaliers des écritures du bureau, & les comptes particuliers des Boulangers, d'après le regiftre de vente. 1,000

Demouchy, — Idem. 1,000

Lenoir, — le recouvrement des facs vuides; aide aux autres Commis, pour les écritures. 800

Houdart, — tient les regiftres particuliers, fervant à chaque marchand Farinier, pour régler leur compte de facs vuides. 700

Gallien. 700

Firmin. 700

Nota. Ces deux Commis remplacent les anciens Officiers-Mefureurs de grains, fupprimés; tiennent les regiftres relatifs à l'arrivage & à la vente des bleds, feigles, orges, avoines & menus-grains, les deux jours de Marchés, qui ont lieu chaque femaine.

11,600

MM.   *De l'autre part,* . . . . 11,600 l.

M. DESAIVRE, — a les mêmes fonctions que les deux précédens Commis, travaillant de plus au bureau des
  farines, aux états journaliers, & autres écritures. . 1,500

Garçons de Bureau & de Halle.

MAGNAN, ancien serviteur de la Halle, fort infirme, chargé,
  avec sa femme, de porter les lettres & paquets. . . 300

LAVARENNE, } occupés continuellement au triage. { 600
TRIQUERIS, }   { 600

MOREAU, — le triage, arrangement & dépôt des sacs
  vuides du Gouvernement. 1,000

MARGUERITE VACHEROT, — l'ouverture & fermeture des
  grilles, en exercice depuis seize ans 180

      TOTAL, ... 15,780

SECONDE DIVISION.

Elle comprend la Navigation, tant en dedans qu'au dehors de
Paris, l'approvisionnement du bois à brûler, les charbons de bois
& de terre, tourbes & fourages.

Les Bureaux de cette division sont composés d'un Chef & de trois
Commis,

PITRA, Chef, avoit 4,800 livres, comme Secrétaire-général
  du Département, par délibération du Bureau de
  Ville, du 5 Décembre, 1789 : titre supprimé par
  le Corps Municipal. . . . . 3,600 l.

COLLET, — les extraits des affaires, l'ordre & le dépôt des
  papiers. 1,800

ROCHEBOIS, tient les comptes & dresse les états. . . . 1,500

SCORDEL, Commis aux écritures. 1,200

ALLARD, garçon de bureau, sert pour les trois divisions. 800

      TOTAL, ... 8,900

Nota. Deux Commis de ce Bureau ont été supprimés par le Corps
Municipal, comme n'étant pas nécessaires pour le travail.

EMPLOYÉS A LA NAVIGATION DANS PARIS.

MM.

Desécoures , Inspecteur du Port de l'Hôpital. . . . . . 3,000l.

Le Breton, Inspecteur du Port S.-Paul. . . 2,600 ⎫

Breuzard, Inspecteur du Port de la Grève , ⎬ 3,600

 adjoint de M. le Breton. . . . . . 1,000 ⎭

Merlet , Inspecteur du Port S.-Nicolas. 3,000

 Nota. Ces trois emplois d'Inspecteurs sont très-utiles
pour l'ordre & le service de la rivière & des ports.

Blanchet , Employé depuis quarante ans. 300

Villette , Inspecteur à la Rapée , enregistre les bateaux qui
arrivent, en instruit l'administration , afin de pouvoir leur désigner le local pour aborder. . . . 300

Aumont , Inspecteur sur les Bachoteurs , veille sur la charge
des bateaux de S.-Cloud & autres , &c. . . . 550

   Total. 10,750

EMPLOYÉS A LA NAVIGATION HORS PARIS.

Magin , Commissaire général de la navigation de la Seine. 4,080

De la Goupillière , Commissaire général de la navigation
de la Marne. 4,000

 Nota. Ces deux Commissaires avoient chacun
6,000 liv. : ils sont tenus de faire des voyages à
leurs frais pour assurer le flottage.

Boucheron , Inspecteur général de la navigation de l'Yonne,
avoit 4,000 liv. d'appointemens , qui ont été réduits
ainsi que ceux des précédens. 3,000

Tenaille , Préposé à *Clamecy*, pour veiller au flottage. . 1,200

Baron , — chargé de faire flotter les bois pour l'approvisionnement de Paris ; son traitement peut être considéré
comme une pension , pour ses anciens services dans
cette partie. 1,000

   Total, ... 13,280

Nota. Onze autres Commiffaires dont deux employés à Vernon, au Pont-de-l'Arche, & les Commandans de la Maréchauffée des environs de Paris, qui avoient un traitement pour le même objet, ont été fupprimés, attendu que leur travail n'eft plus néceffaire pour le fervice.

Les employés aux fourrages, au nombre de cinq, ont été rayés de l'état, depuis la fuppreffion des entrées, ainfi que *les* Employés au moulage & mefurage des bois à brûler & charbons, dont le traitement s'élevoit à 80,500 liv.

TROISIÉME DIVISION.

Elle comprend les boucheries, tueries, fuifs, marchés de Sceaux & Poiffy, caiffe de Poiffy, marchés aux vaches & aux veaux, charcuiterie, marchés aux porcs & aux volailles, la marée, poiffons d'eau douce, & tous les approvifionnemens autres que grains & farines, bois & charbons.

Le Bureau eft compofé d'un Chef & deux Commis.

MM.

RÉAL, Chef.	3,600
DE l'ARBRE.	1,800
CHAPOTIN.	1,200
Ci.	6,600

RÉCAPITULATION

RÉCAPITULATION

DES DÉPENSES DU DÉPARTEMENT DES SUBSISTANCES.

PREMIÈRE DIVISION.

Bureau d'Administration, ...		17,000l.		
Magasins à Farine.	Ecole Militaire, . . 10,500l. S.-Martin-des-Champs, 9,360 Corbeil, ... 3,600 S.-Denys, ... 5,600	29,060	72,760l.
Magasins à Bleds, ...		1920,0	
Halle, ...		15,780	

IIᵐᵉ DIVISION.

Bureau d'Administration, ...	8,900l.	32,850
Navigation, dans Paris, ...	10,750	
Navigation, hors Paris, ...	13,200	

IIIᵐᵉ DIVISION.

Bureaux, ... 6,600

Frais du Bureau des trois Divisions, ... 4,000

Total général, ...116,210

POLICE.

CE Département eft divifé en quatre Bureaux d'Adminiftration, & un Bureau Central & de comptabilité.

PREMIÈRE DIVISION.

Elle comprend les Militaires, Incendies, Pompes, Pompiers, Illuminations, Nétoiement, Eglifes, Edifices, Places publiques, Pharmacie, &c.

Le Bureau eft compofé d'un Chef, d'un Sous-chef & de trois Commis.

M M.

DESLANDES, Chef, ... 3,600 l.	}	
Augmentation en raifon de 32 ans de fervice, 1,200	}	4,800 l.
BOUSSATON, Sous-chef, ...		2,400
COQUEREAU, ... 1,800	}	
En raifon de 15 ans de fervice, ... 300	}	2,100
MARTIN, ...		1,500
DUFOUR, ...		1,200
Total, ...		12,000

DEUXIÉME DIVISION.

Chargée particulièrement de la fureté. Le Bureau eft compofé d'un Chef, un Adjoint, un Sous-chef & quatre Commis.

GARON père, Chef, ... 3,600	}	
Augmentation en raifon de 31 ans de fervice, 1,200	}	4,800
DESMARETS, Adjoint, chargé gratuitement, depuis la révolution, de l'inftruction des affaires du comité de Police,		3,000
BERTIN, Sous-chef, 21 ans de fervice, ...		2,400
		10,200

M M.   *Ci-contre*, ... 10,200l.

Henry, ... 1,800 } 2,000
    Comme Interprète de la langue allemande,   200 }
Audoin, ... 1,500
Girault, ... 1,200
Garon, fils, ... 1,000
               Total, ... 15,900

TROISIÉME DIVISION.

Les Spectacles, Marchés, Poste aux chevaux, Halle, Gravures, Domestiques, Voitures publiques, Bureau des Nourrices & Recommandaresses, dénombrement des Habitans de Paris.

Le Bureau est composé d'un Chef, d'un Sous-chef & de quatre Commis.

Dejean, Chef, ... 3,600l. } 4,000
    Augmentation en raison de 10 ans de service,   400 }
Baron, Sous-chef, ... 2,400
Bochard, ... 1,800
Vadancourt, ... 1,500
. . . . 1,200
Vacant, ... 1,000
             Total, ... 11,900

QUATRIÉME DIVISION.

Les Corps & Communautés, Boucheries, Boulangeries, la Bourse, & les Loteries.

Le Bureau est composé d'un Chef, d'un Sous-chef, & de trois Commis.

Regnard, Chef, ... 3,600 } 4,000
    Augmentation, en raison de 16 ans de service,   400 }
Hanne, Sous-chef, 22 ans de service, ... 2,400
                        6,400

De l'autre part, ... 6,400l.

MM.

BOURGEOIS, : . . . . 1,800l. ⎫
Augmentation, en raifon de 16 ans de fervice, 200 ⎬ 2,000
                                           ⎭

RECEVEUR, 12 ans de fervice , ... 1,800

MOLLARD , ... 1,100

Total, ... 11,400

RRÉPOSÉS par *l'Adminiftration de Police pour le Nétoiement & l'Illumination.*

Un Infpecteur principal & vingt-deux Infpecteurs font employés à ce fervice , pour veiller à tout ce qui concerne , dans leurs quartiers , la propreté, la fureté & la commodité de la voie publique ; ils doivent auffi faire éclairer les rues & y faire faire l'enlévement des boues & immondices, conformément aux traités paffés avec les Entrepreneurs de ces deux fervices.

MM.

BRUNESEAU, Infpecteur principal, eft tenu d'entretenir un
    cheval pour faire fes vifites journalières. . . . . 3,600l.

DAMOUR, chargé particulièrement de l'illumination, 18 ans
    de fervice. 2,000

JULIEN, *idem*, 25 ans de fervice. 2,000

GUERRIER, 15 ans de fervice. 1,500

FIEVILLE. 1,600

BIDEAULT 1,400

CALTÉ 1,400

RENAUDIN 1,400

PARISOT. 1,000

JORET 1,000

CUDREAUX. 1,000

JEANNEL. 1,000

                                                  18,900

Ci-contre. . . . . 18,900 f.

M M.

GAUCHÉ. 1,000
DAUPHIN. 1,000
LABRE 1,000
CLOSMENIL. 1,000
LE BEGUE. 1,000
JOLLY. 1.000
DESRUHES 1,000
LE ROUX. 1,000
LAVERGNE. 1,000
DUFOUR. 1,000
DE RAEDT. 1,000

Total. 29,900

Des Infpecteurs font auffi prépofés à furveiller ce qui concerne la falubrité de l'air, les vuidanges, foffes vétérinaires, voieries, équariffages.

M M.

VERVILLE, Infpecteur à cheval. . . . . 3,000 l.
DOUI, Infpecteur. 1,200
BALLOY, *idem*. 1,200
GUILLEMAUD, *idem*. 1,000

Total. 6,400

Chirurgien de la Police, chargé de la vifite des prifonniers.
M. DIDIER. . . . . 800.

BUREAU CENTRAL ET DE COMPTABILITÉ.

L'enregiftrement des affaires du Département, & le renvoi dans les Bureaux; les décifions des affaires qui n'ont pas de Département fixe; la correfpondance avec les Sections pour les objets de fervice, la comptabilité.

Ce Bureau eſt compoſé d'un Chef, d'un Adjoint, & de deux Commis.

FRANÇOIS, Chef, ... 3,600l.

BONNELET, Adjoint, ... 2,500

DELASERT, ... 1,800 ⎱ 2,000
    Augmentation, en raiſon de 15 ans de ſervice, 200 ⎰

VARLET, ... 1,500

                Total, ... 9,600

Garçons de Bureau pour le ſervice du Département.

HAREL, 32 ans de ſervice, ... 1,000

LENOIR, ... 800

GUERLE, ... 720

L'ABBÉ, ... 600

                Total, ... 3,120

RÉCAPITULATION.

Ire Diviſion, ... 12,000

IIme Diviſion, ... 15,900

IIIme Diviſion, ... 11,900

IVme Diviſion, ... 11,400

Prépoſés pour le nétoiement & l'illumination. 29,900

Inſpecteurs ſur ce qui concerne la ſalubrité de l'air, &c. . 6,400

Chirurgien de la Police. 800

Bureau Central & de Comptabilité, ... 9,600

Garçons de Bureau, ... 3,120

             Total général, ... 101,020

DOMAINES ET FINANCES.

CE Département, chargé de la Régie, de l'Administration des Maisons Domaines & revenus de la Ville, de la Liquidation & de l'Arriéré, du Contrôle & de l'Enregistrement des Ordonnances des Administrateurs, de la Comptabilité du Tréforier & de la furveillance fur la Caiffe, eft divifé en trois Bureaux; la Direction générale, la Tréforerie & la Comptabilité.

Les deux premières divifions font compofées d'un Chef, deux Sous-Chefs, un Liquidateur, un Contrôleur des rentes, & neuf Commis; deux Commis chargés de la partie du contrôle de recette & dépenfe des Biens-Nationaux avoient été fupprimés, attendu que cet objet avoit paru étranger à la Municipalité, mais par une décifion du 30 Mai dernier, ils ont été confervés provifoirement.

La troifiéme divifion, qui comprend la Comptabilité, eft compofée d'un Caiffier, d'un fous-Caiffier, d'un Commis aux écritures, d'un Chef du Bureau des comptes, d'un fous-Chef, d'un Rédacteur des comptes & d'un Commis.

PREMIÈRE DIVISION.

MM.

DUMOUCHEL, Chef — la direction générale du travail de
tous les bureaux. . . . . 3,600l.

MAILLARD, jeune, Sous-Chef — la Comptabilité & la direction
de tous les différens regiftres qu'elle exige. . . . 2,400

HEUDELET fils, Sous-Chef — la Correfpondance, le Contentieux du Département & le renvoi des piéces. . . 2,400

LE CRONIER, Liquidateur — La direction du
travail relatif à l'acquit des rentes de la
Commune. . . . . 2,400 l. } 3,000
En raifon de 15 ans de fervice. . . . . 600 }

Total. 11,400

De l'autre part . . . . . . 11,400 l,

M M.

NAVIER oncle. — le contrôle des rentes dues par la Municipalité. 1,500

MAILLARD aîné — les regiſtres des oppoſitions,
les indemnités dues aux Adminiſtrateurs, le
traitement des Commiſſaires & Secrétaires de
Police des Sections, les loyers, fermages,
droits & autres revenus de la Commune. . 1,800l.
Chargé maintenant du travail de M. Lefevre,
augmentation en raiſon de ce travail. . . 200   2,000

SABLIERES — le grand livre & les dépouillemens néceſſaires
pour donner les renſeignemens ſur les opérations de
l'Adminiſtration. 1,800

L'ECUREUX — la tenue du journal des arrêtés du corps & du
bureau municipal, le livre des échéances, & les
regiſtres relatifs à l'Adminiſtration proviſoire. . . 1,500

HEUDELET, père — la miſe au net du journal. 1,200

HENNEBERT, Commis aux écritures, ... 1,200
En raiſon de 11 ans de ſervice. 300   1,500

BELAMY, Commis aux écritures. 1,200
En raiſon de 17 ans de ſervice. 300   1,500

CORNU, Commis aux écritures. 1,200

HAVARD, *idem*. 1,200

NAVIER, neveu, *idem* 1,200

BILLON — le mémorial des recettes & dépenſes des biens
nationaux. 1,800

PELLETIER — le journal des recettes & dépenſes des biens
nationaux. 1,200

FRESNOT, Garçon de bureau. 720

Total. 29,720

BUREAU

BUREAU DE LA TRÉSORERIE.

M M.

CAMET DE LA BONARDIÈRE, Caiſſier — en conſidération de la recette & de la dépenſe conſidérables dont il eſt chargé, le Corps Municipal lui a alloué un traitement de . . . . . . 4,000l.   } 5,000l.

En raiſon de 34 ans de ſervice. 1,000

ARMAND, l'aîné, Sous-Caiſſier. 2,400

ARMAND, le jeune, Commis aux écritures. 1,200

Total. 8,600

BUREAU DES COMPTES.

DERIN, Chef du Bureau des Comptes du Tréſorier. 3,600l.   } 4,000l.

En raiſon de 21 ans de ſervice. 400

Chauvin, Sous-chef. 2,000   } 2,500

En raiſon de 21 ans de ſervice. 500

TUROT, Rédacteur des comptes. 1,800

BEAUMIER, Commis aux Ecritures. 1,200

COURTOIS, Garçon de Caiſſe. 1,000

Nota. Ce traitement lui a été accordé, parce qu'il eſt reſponſable des non-valeurs & des objets qui lui ſont confiés.

Total. 10,500

Le Conſeil a jugé convenable de ſupprimer la place d'un Commis à 1,800 liv. qui étoit chargé de la perception des loyers, & dont le travail a été réuni à celui d'un autre Commis ; il a également ſupprimé les emplois de M. Renout père & Renout fils, qui recevoient de la Ville, l'un 600 liv., l'autre 300 liv. pour l'enregiſtrement des contrats de rentes dues par la Nation, attendu que l'un reçoit déjà du Gouvernement 4,000 liv. & l'autre 1800 liv., & que cette dépenſe paroît devoir être acquittée en totalité par la Tréſorerie Nationale.

C

BUREAU CENTRAL DE LIQUIDATION.

Le Corps Municipal a arrêté qn'il feroit formé un Bureau de liquidation pour vérifier l'arriéré des dettes de la Commune.

Ce Bureau eft compofé d'un Sous-chef & de trois Commis.

MM.

S.-Aunay , Sous - Chef. 2,400
Vernale , Commis aux Ecritures. 1,200
Marcel , *idem* 1,200
Colas , *idem*. 12,00
                                   Total. 6,000

Il a été également arrêté , fur la demande de MM. les Adminiftrateurs des Domaines , qu'il feroit créé un Bureau de Comptabilité
pour reprendre les écritures des recettes & des dépenfes faites depuis
la Révolution.

Ce Bureau eft compofé d'un Chef & de quatre Commis.

Imhoff , Chef. . . . . 3,600l.
Un premiér Commis , tenant le grand livre. 1,800
Un 2.me copiant la main-courante. 1,200
Un 3.me chargé de la vérification. 1,200
Un Commis aux écritures. 1,200
                                   Total. 9,000

RÉCAPITULATION.

Bureau d'Adminiftration. . . . . 29,720l.
Bureaux de la Tréforerie & des Comptes. 19,100
Bureau central de Liquidation. 6,000
Bureau de Comptabilité pour la recette & dépenfe depuis
la Révolution. 9,000
                                   Total. 63,820

ÉTABLISSEMENTS PUBLICS.

Cᴇ Département qui comprend l'Univerſité, les Colléges, les Ecoles publiques, l'Inſtruction des Sourds & Muets, l'Ecole gratuite du Deſſin, le Mont-de-Piété, l'Hôtel-Dieu & tous les Hôpitaux, le tirage des Loteries, les Filatures, & l'Opéra, eſt diviſé en trois Bureaux.

Le premier eſt compoſé d'un Chef, d'un ſous-Chef, & de huit Commis.

MM.

Dᴇɴᴇsʟᴇ, Chef. — la direction, la ſurveillance du travail, & la diſcuſſion des affaires au Comité d'adminiſtration . . . . 3,600l.

Lᴇᴄᴀᴍᴜs, ſous-Chef. — La comptabilité de l'adminiſtration de l'Opéra, & les détails relatifs au travail des bureaux 2,400

Fᴀᴜʀᴇ — l'extrait des mémoires & piéces adreſſés au Département ; employé dans les bureaux depuis onze ans 1,800

Lᴀғᴏʀᴛᴇʟʟᴇ — l'enregiſtrement & l'envoi des mémoires aux diviſions, aux perſonnes qu'ils concernent. . . 1,800

Rᴏᴄʜɪᴇʀ, Commis aux écritures, employé depuis dix ans. 1,500

Tᴏʙɪᴇ — tient le regiſtre où ſont inſcrites toutes les délibérations concernant l'adminiſtration de l'Opéra, & celui où chaque ſujet a un compte ouvert. . . 1,500

Pɪᴄ — recommandable pour avoir ſauvé le tréſor de la Ville, lors du pillage, le 5 Octobre 1789, Commis aux écritures 1,500

Mᴏʀᴇᴀᴜ — les inventaires de toutes les fournitures de l'Opéra ; adjoint aux travaux des magaſins . . . 1,200

Lᴇᴄᴏǫ, Commis aux écritures 1,200

Hᴀʀᴅᴏᴜɪɴ, Commis aux écritures 1,200

Lᴀʙᴏᴜʀ, garçon de bureau. 720

Total. 18,420

Le second Bureau comprend les Colléges, Maisons d'Éducation & Hôpitaux; il est composé d'un Chef, un sous-Chef, & trois Commis. M M.

Cauchy, Chef — la direction du travail, la rédaction des procès-verbaux du Comité de bienfaisance, établi à l'Hôtel-de-Ville, la correspondance. . . . . . 3,600 l.

Loiseau, sous-Chef — le travail concernant les Hôpitaux des Valides, les Colléges & Maisons d'éducation, le dépôt de la conservation des minutes. . 2,400 }
Idem. — En raison de 22 ans de service. . 600 } 3,000

Cauchois — le détail relatif à l'organisation des Paroisses, & à la distribution des secours. 1,800

Hérembourg, Commis aux écritures. 1,200

Antelmy, Idem. 1,000

Total. 10,600

Les attributions du troisième Bureau sont, la Filature & la comptabilité du Département; mais il ne sera porté que pour Mémoire dans les dépenses de la Municipalité, attendu qu'elles sont comprises dans les états de la filature, acquittées par la trésorerie nationale.

Cette division est composée d'un Chef, un Commis, un Garçon de Bureau, ainsi que d'un Inspecteur des Filatures.

Hénault, Chef. 3,000

Butay 1,500

Maitre, garçon de Bureau. 720

Chassagnol, Inspecteur 2,400

Total, ci. 7,620

RÉCAPITULATION.

Iᵉ. Division. 18,400

IIᵉ. Division 10,600

IIIᵉ Division. 7,620

Total, ci. 29,000

Nota. Les trois Bureaux des Etablissements publics sont situés dans différens endroits, ce qui en rend le service pénible pour le Public, mais le Conseil Municipal a décidé que la réunion de ces Bureaux s'effectueroit le plutôt possible.

TRAVAUX PUBLICS.

CE Département qui eſt chargé, d'un côté, de la partie matérielle &
phyſique de la commodité, de la ſureté & de la ſalubrité de la voie
publique tant dans l'intérieur de la Ville que ſur les bords de la rivière;
& de l'autre côté, de l'entretien des bâtimens, édifices, monumens,
& autres objets d'utilité publique à la charge de la Commune, il a
beſoin, pour ſa double fonction, de ſurveillance & d'exécution, de
plus d'yeux & de bras qu'aucun autre Département. Preſque tout, dans
ce Département, aboutit à des dépenſes; il ne faut les faire ou les
propoſer qu'après avoir bien vu, bien peſé; tout auſſi dans ce Département eſt actif, tout eſt inſtant, preſque toujours la néceſſité du
moment commande & ne ſouffre pas de retard.

Ces conſidérations ne doivent pas être perdues de vue par ceux qui
ſont chargés d'examiner & de décider l'organiſation de ce Département.

Il eſt compoſé de différentes parties, d'eſpèces différentes, & qui
exigent des connoiſſances de différens genres; on le conſidére ſous ſes
différens rapports.

1º L'Adminiſtration & ſes Bureaux;

2º Les Inſpecteurs & leurs Aides;

3º Un centre de lumières qui éclaire l'Adminiſtration.

En parcourant toutes ces parties, ſuivant les diviſions faites entre
les trois Adminiſtrateurs de ce Département, nous préſenterons l'ancien état des choſes & l'ordre que le Corps Municipal a jugé à propos
d'établir pour une plus grande utilité.

PREMIÉRE DIVISION.

La Voierie & le plan de Paris; les périls imminens; les carrières,
les pavés, la ſûreté des ſalles de ſpectacles & autres lieux publics; les
marchés à faire pour l'illumination & le nétoiement; les gravatiers
& ſalpêtriers; les dépôts de pierres & gravois, & en général tout ce
qui a rapport à la ſûreté & commodité de la voie publique; les égoûts,

l'arrofement des ponts, les vuidanges, les voieries, l'écariffage, les foffes vétérinaires, & tout ce qui peut intéreffer la falubrité de l'air pour la partie de l'art; les fêtes publiques.

Avant la révolution, ces différentes parties dépendoient de diverfes adminiftrations; la voierie fe divifoit en grande & petite voierie; la grande voierie, originairement attribuée à un grand Voyer, en titre d'office, avoit depuis été attribuée au bureau des finances, qui réuniffoit à cet égard, le pouvoir adminiftratif & le pouvoir judiciaire.

La petite voierie étoit attachée à quatre Officiers de Voyer, auxquels étoient attribués des droits dûs à chaque permiffion, qu'ils accordoient; ces quatre Commiffaires Voyers avoient fous eux trois & en dernier lieu quatre Commis, faifant fonctions d'Infpecteurs des conftructions, & autres objets intéreffant la voierie. Les Commis dénoncoient les contraventions aux Commiffaires Voyers qui les faifoient réprimer par le bureau des finances.

Il y avoit encore une petite voierie particulière qui dépendoit de l'adminiftration de la police, & à cet objet étoient prépofés deux Infpecteurs; les périls imminens faifoient partie de cette voierie, quoique prétendue auffi par le bureau des finances. Les carrières, la fureté des falles de fpectacles & autres lieux publics, les marchés à faire pour l'illumination, & le nettoiement, les gravatiers, falpétriers, les vuidanges, les voieries, & les foffes vétérinaires étoient également des attributions de police, & formoient des parties d'adminiftration féparées.

Pour les carrières, il y avoit un Contrôleur & un Infpecteur général; deux Infpecteurs particuliers, un Ingénieur, deux Aides, trois Deffinateurs, un Contrôleur de l'exiftence des ouvriers & vérificateur de leur nombre.

Un Infpecteur, veilloit à la fureté des falles de fpectacle.

Le fervice du nétoiement, de l'illumination & de l'enlévement des gravois étoit furveillé par un Infpecteur attaché à chacune de ces parties; & comme la police réuniffoit aux marchés à faire pour le nétoiement, comme pour l'illumination, la furveillance de l'exécution de ces marchés, vingt Infpecteurs particuliers répondoient de l'exactitude du fervice tous les jours dans les divers quartiers.

La furveillance des voieries étoit auffi confiée à un Infpecteur unique.

Quant à la vuidange des foffes d'aifances, objet qui peut influer plus ou moins fur la falubrité de l'air, fuivant que les Entrepreneurs de cette partie font plus ou moins rigoureufement affujettis aux formes qui leur font prefcrites, elle étoit fous la furveillance d'un Infpecteur général à cheval & de trois Infpecteurs particuliers, payés aux frais des Entrepreneurs, aux termes de leur privilége.

Le plan de Paris, qui comprend les alignemens, étoit fous la furveillance des Officiers du bureau des finances, qui employoient à ce travail les quatre commiffaires Voyers ; l'un d'eux qui s'y eft livré plus particulièrement, a entrepris la levée des plans de toutes les rues, ouvrage immenfe & unique auquel il ne manque plus que la fanction prononcée de l'autorité publique, quoique approuvé par le fait, puifqu'il a fervi jufqu'ici de bafe aux alignemens donnés & exécutés.

Le pavé étoit refté une dépendance de l'Adminiftration des ponts & chauffées ; le pavé de Paris & de fes faubourgs étoit confondu avec l'entretien des routes principales de la banlieue & même de celle de Paris à Verfailles ; un Infpecteur général, un Ingénieur en chef & quatre Infpecteurs particuliers furveilloient & dirigeoient cette partie d'Adminiftration, fous les ordres de l'Intendant des finances du département des ponts & chauffées.

A l'égard de l'arrofement & du fablage des ponts, ils étoient compris dans le marché du nétoiement, & fous la furveillance de la Police.

La Ville furveilloit la confection & l'entretien des égoûts.

Enfin la direction des fêtes publiques étoit attachée au même bureau pour les fêtes qui étoient données par la Ville.

Avant qu'une nouvelle loi fe fût expliquée, & dès le principe de la révolution, l'Adminiftration provifoire crut devoir, avec les parties ci-devant attribuées à la Police, rappeller celles qui paroiffoient effentiellement dépendantes de l'Adminiftration Municipale.

La loi a depuis adopté ces difpofitions, & a fait à la Municipalité l'attribution de toutes les parties ci-deffus ; l'Adminiftration en connoît pour tout ce qui eft de la direction, & renvoye le contentieux au Procureur de la Commune, qui pourfuit les contraventions, les démolitions, fur la dénonciation du Département.

Les Bureaux de cette Divifion font compofés d'un Chef, trois Sous-chefs, neuf Commis & un Deffinateur.

M M.

BASSELIN, Chef — le travail des bureaux, & particulièrement le plan de Paris & ce qui concerne les fêtes publiques.   3,600 l.

CERFVOL, Sous-chef — la voierie, les périls imminens, les échoppes, les étalages & autres anticipations fur la voie publique.   2,400

MAULNOIR, Sous-chef — le pavé, les carrières, la vuidange des foffes d'aifance, la voierie, les vuidanges, l'équariffage, les foffes vétérinaires, & tout ce qui peut intéreffer la falubrité.   2,400

COQUELIN, Sous-chef — le nétoiement, l'illumination, le dépôt des pierres & gravois, les gravatiers, falpétriers, les égoûts, les voiries à boues, le fablage & & l'arrofement des ponts, & la fureté des falles de fpectacle.   2,400

PERRAUT, principal Commis, chargé d'aider les Sous-chefs pour la tenue du regiftre de la correfpondance. . .   1,800

BONNVILLE — la rédaction des avertiffemens, en matière de voierie.   1,500

LEQUIN — la rédaction des états.   1,500

CHAMINADE, Commis aux expéditions.   1,200

LYONS, *idem*.   1,200

COMPAN, *idem*.   1,200

BUIRETTE, *idem*.   1,200

LEROUX, *idem*.   1,200

CERFVOL fils, *idem*.   1,000

NOGARET, Deffinateur.   1,200

RENARD, Garçon de bureau.   720

Total   24,520

Artiftes

Ci-contre. . . . . 24,520 l.

ARTISTES attachés particulièrement à la Division,
& destinés à éclairer l'Administration, à donner les
Plans, faire les devis, & à veiller à l'exécution des
travaux.

VOIERIE.

M M.

VERNIQUET, premier Inspecteur général, préposé à la garde
  du plan de Paris, chargé d'indiquer les alignemens,
  de vérifier les saillies, & les périls imminens. . .   3,600
CALLET, Inspecteur-général-adjoint.   3,000
  Nota. Ces deux Artistes auront chacun leur arrondis-
  sement, en prenant pour ligne de démarcation
  celle qui coupe Paris depuis la barrière S.-Martin
  jusqu'à celle S.-Jacques.
CHAILLOU, Commis-ambulant, pour la recherche de la
  contravention de la voierie, les périls imminens, la
  sureté & la commodité de la voie publique. . . .   1,200
MESNON, *idem.*   1,200
BELAT, *idem.*   1,200
PANRIER, *idem.*   1,000
FOUIN, *idem.* . . . . : . . .   1,000
PLANTIER, *idem.*   1,000

PAVÉ.

DUCHEMIN, Inspecteur-général, réunit les trois places qu'a-
  voient MM. de Chézy, Guillommeau & lui, dont
  les traitemens réunis se montoient à 21,000. . .   6,000
GILLET, Ingénieur pour les payés.   2,000
BLIN, *idem.*   2,000
VIGOR, *idem.*   2,000
TESSIER, *idem.*   2,000

            51,720

De l'autre part. . . . . . . 51,720 l.

CARRIÈRES.

MM.

JALLIER, Contrôleur. 4,000

VANDERMACK, Inspecteur. 2,400

LE BOSSU, Inspecteur. 2,400

Nota. Ces Inspecteurs avoient de plus 1,440 liv. pour traitement d'un cheval, qui ont été supprimées.

USSEL, Ingénieur à la levée. 2,400

CALY, Dessinateur. 1,500

MARCILLY, Dessinateur. 1,200

BELLUT, Commis. 1,200

Total. 66,820

DEUXIÈME DIVISION.

Elle comprend les travaux sur la rivière, les canaux, les ports, les ponts, les quais, les machines hydrauliques, les aquéducs, fontaines & regards, les promenades publiques, leur arrosement.

Le Bureau est composé d'un Chef, un Sous-chef & cinq Commis.

BRALE, Chef. . . . . 3,600 l.

En raison de ses services, comme Méchanicien & Ingénieur hydraulique, chargé de l'examen de la préparation des rapports de toutes les parties d'art & projet dans les trois Divisions du Département, indépendamment de la fonction de Chef dans sa Division. . 1,200

} 4,800 l.

FROMENTIN, Sous-chef. 2,400

FROMENT, premier Commis — la tenue des registres. . . 1,800

PARTHON. 1,500

MAYER, Commis aux écritures. 1,200

D'AUMONT, *idem.* 1,200

DUFRESNE, *idem.* 1,200

BEYSSAT, Garçon de bureau. 720

14,820

Ci-contre. . . . . 14,820 l.

. . . . . Infpecteur particulier pour veiller aux befoins
de cette partie de l'Adminiftration, & fuivre l'exécution des ordres donnés par l'Adminiftrateur. . . . 1,800

Total. 16,620

Nota. Les Atteliers de fecours font partie des attributions de cette
Divifion, mais ils ne font ici portés que pour mémoire, attendu que
l'Affemblée nationale en a ordonné la fuppreffion, & que la dépenfe
qu'ils occafionnoient n'étoit point à la charge de la Municipalité.

TROISIÉME DIVISION.

ELLE comprend les cafernes, les corps-de-garde, les hôpitaux militaires, tous les bâtiments dépendants des domaines de la Ville, l'hôtel
de la Mairie, les bureaux de la Municipalité & des divers départe-
ments, les clôtures de Paris, les halles & marchés, y compris ceux
de Sceaux & Poiffy, les magafins des fubfiftances, les églifes, les
cimetières, les prifons & maifons d'arrêts, les maifons presbytériales
& religieufes, les places publiques, & tous les bâtiments dépendans
des biens nationaux.

Les bureaux font compofés d'un Chef, un fous-Chef, huit Commis.

MM.

GONDEVILLE, Chef . . . . 3,600 l.
PALAIS, fous-Chef 2,400
FORMONT, premier Commis 1,800
LEVIS, fecond Commis. 1,500
RIVIÈRE, Commis aux écritures 1,200
CONSTANT, *idem.* 1,200
LAPOINTE, *idem.* 1,200
AUBOIN, *idem.* 1,200
MODÉRAT, *idem* 1,200
HUDET, *idem.* 1,200
CHEBRIER, garçon de bureau. 720
RENAUD. 540

Total 17,760

BATIMENS DE LA VILLE.

L'adminiſtration de cette partie eſt diviſée, 1° en un Bureau d'Artiſtes ou Officiers des Bâtiments; 2° en un Bureau de Commis.

Les Officiers des bâtiments ſont chargés de donner des avis relatifs à l'Art, & pour l'exécution des ordres donnés par la Municipalité, par le Conſeil - général, par le Bureau Municipal, & par les Départemens.

Cette partie étoit autrefois remplie par un Officier qui avoit le titre de *Maître des Bâtimens de la Ville*, qui ordonnoit & exécutoit; tout alors ſe faiſoit ſous ſes ordres, & par entrepriſe.

Cette forme, peu économique, avoit des abus qui ont été enfin ſentis; &, pluſieurs années avant la révolution, on ſubſtitua au titre de Maître des Bâtiments, la commiſſion d'Architecte de la Ville. La forme des adjudications au rabais qui a été adoptée, la mit dans le cas d'exécuter rarement par économie.

Cet Architecte avoit 14,000 liv. de traitement. Il avoit, en outre, comme Architecte des corps-de-garde de la Police, 3,000 livres, & 1,000 livres pour les alignemens qu'il étoit chargé de donner ſur les Boulevards.

Sur cette ſomme de 18,000 livres, il étoit tenu de payer deux Commis & un Deſſinateur, ce qui faiſoit un objet de 4,000 livres; de ſorte que ſon traitement étoit de 14,000 liv.

A côté de l'Architecte, étoit un Contrôleur, dont le titre annonçoit ſuffiſamment les fonctions, & un Vérificateur prépoſé pour la vérification des mémoires d'ouvrages.

Le travail de ces ſix perſonnes a pu ſuffire tant que les fonctions de l'Architecte ont été reſtreintes aux conſtructions à faire à la Maiſon Commune, & dans tout ce qui dépend du Domaine de la Ville; mais il eſt devenu inſuffiſant depuis la Révolution, qui a conſidérablement augmenté la beſogne. En effet, aux travaux anciens ont été réunis ceux de la Mairie, du Palais-Cardinal, de l'Intendance, des Filatures, des Comités, des Tribunaux, des Amphithéâtres, des ſoixante Caſernes & de plus de deux-cents Corps-de-garde, il eſt réſulté de cette augmentation dans les travaux, une néceſſité d'augmenter, en proportion, le nombre des Agens ; & , dès-lors, il a paru convenable que les Bureaux des Bâtiments fuſſent à la charge de la Ville.

Cependant l'attention du Public a été portée ſur cette partie ; les avis ſe ſont partagés ſur l'organiſation qu'elle exigeoit.

Quelques perſonnes ſe ſont élevées ſur l'eſpéce d'excluſion donnée à un ſeul Architecte pour tous les Bâtimens à la charge de la Commune.

Parmi les projets d'organiſation préſentés, il en eſt deux ſur-tout qui ont été diſtingués.

L'un étoit d'attacher à chaque diviſion du département un Artiſte qui rempliroit ſéparément les fonctions que l'Architecte de la Ville remplit dans toutes.

L'autre de former, au centre du Département, une réunion ou un Comité d'Artiſtes, qui ſe diviſeroient les détails du Département.

Le premier projet a paru avoir l'inconvénient d'iſoler chaque diviſion, & d'en ôter cet enſemble d'opérations, ſi néceſſaire pour l'ordre & l'économie : chaque diviſion auroit ſes principes & ſes ſyſtêmes.

La réunion d'Artiſtes au même centre, n'a pas les mêmes inconvéniens ; mais la néceſſité de réunir pluſieurs avis, jetteroit de la lenteur dans les opérations ; ou il exiſteroit de la diverſité dans les opinions, & alors l'adminiſtration, flottant perpétuellement dans des incertitudes, pourroit être obligée de recourir à des ſecours étrangers, où ces Artiſtes, trop peu payés pour ſe livrer entièrement au ſervice de la Ville, ſe repoſeroient les uns ſur les autres ; & alors il ſe gliſſeroit en cette partie du relâchement & de la lenteur dans les opérations.

La queſtion déjà agitée au Bureau de Ville proviſoire, les opinions ont été pour la conſervation de la forme exiſtante d'un ſeul Artiſte à la tête du Bureau des Bâtimens, & le Conſeil Municipal a penſé que c'étoit auſſi le parti qui paroiſſoit le plus convenable : il eſtime que l'organiſation peut être propoſée ainſi qu'il ſuit :

Un Architecte, un Contrôleur, deux Vérificateurs, quatre Inſpecteurs des Bâtimens, quatre fous-Infpecteurs, deux Infpecteurs des Fontaines.

L'Architecte propofe ; le Contrôleur revoit le travail, & peut, en éclairant fes opérations, redreffer des erreurs;

De même les Vérificateurs vérifient les Mémoires, le Contrôleur opère, à leur égard, comme à l'égard de l'Architecte, & celui-ci vife la vérification contrôlée, pour attefter que les ouvrages faits l'ont été par fes ordres, fur ceux qu'il a reçus lui-même de l'Adminiftration.

Les Infpecteurs fuivent l'exécution des ouvrages ordonnés, & conftatent les réparations à faire à quelques parties du Domaine de la Ville, & dreffent les devis eftimatifs des ouvrages.

MM.

POYET, Architecte. . . . . 12,000l.

LEGRAND, Contrôleur. 5,000

HAPPE, Vérificateur. 4,000

NARTHEZ, fecond Vérificateur. 3,000

Infpecteurs des Bâtimens.

FOURNIER . . . . 2,400 ⎱
     En raifon de quinze ans de fervice. . 600 ⎰ 3,000

MADIN, *idem*. 3,000

GALLIMARD 2,400

DEROTTE 2,400

Sous-Infpecteurs.

LAPALME 1,200

COFINET. 1,200

PITUAUD. 1,600

    Nota. Cet Infpecteur reçoit une augmentation en rai-
    fon des voyages extraordinaires que lui occafionnent
    les marchés de Sceaux & de Poiffy, dont il eft
    chargé particulièrement.

CHEVILLET. 1,200

                                  40,000

Ci-contre. . . . . 40,000l.

MM.   *Infpecteurs des Fontaines.* .

DELAITRE. . . . . 1,600l.   } 2,000
   En raifon de 30 ans de fervice. 400

CALLOU. 1,600

   Nota. Ces Infpecteurs des fontaines & eaux de la
ville veillent à ce que l'Entrepreneur de l'entretien des
fontaines, regards & conduits des eaux, tant de l'intérieur que de l'extérieur, faffe exactement les réparations
dont il eft chargé. Le fervice de la pompe Notre-Dame
eft fous leur direction, & ils donnent aux Pompiers
tous les fecours néceffaires dans les cas d'incendie.

           Total. 43,600

   Le deuxième Bureau eft chargé de la rédaction des rapports, avis
& procès-verbaux, d'après les notes & obfervations de l'Architecte &
du Contrôleur ; il concerre, fous leur direction, tous les détails relatifs aux opérations ordonnées par l'Adminiftration Municipale ; il eft
également chargé de la rédaction des devis & cahiers des charges pour
les adjudications ou pour la confection des ouvrages courants, & de
donner au public tous les renfeignemens qui peuvent l'intéreffer.

   Il eft compofé d'un Chef, un Sous-chef, quatre Commis & quatre
Deffinateurs.

FLEURIOT, Chef. 3,600
JOLIVET, Sous-chef. 2,400
BAROUX. 1,800
DARTHUIS. 1,200
CHECANNE. 1,200
THIUROT 1,200
VIGNON, Deffinateur. 2,000
DESFORGES, *idem.* 1,200
VALETTE, *idem.* 600
GEORGES, *idem.* 600
BUFFET, Garçon de bureau 720

         Total. 16,520

Les Vérificateurs des bâtimens de la Ville, chargés de la vérification de tous les mémoires & fournitures remis par l'Architecte, d'après le renvoi du Département, ont besoin de Commis qui leur soient particulièrement attribués pour la formation des états, des lieux, des maisons, chantiers, & objets donnés à loyer ou à bail d'entretien, donnés pour la Ville. Ils proposent six Commis, savoir :

M M.

Cudot — travaille avec le Vérificateur depuis 7 ans. . . 1,800l.
Miellot — employé pendant 12 ans dans les bureaux de
    l'ancien Architecte. 1,200
Bergeot. 1,500
Gilbert. 1,200
Millon, Calculateur. 1,000
Legaux, Ecrivain nécessaire. 1,000
Total. 7,700

Indépendamment des trois Divisions du Département, il y a un Bureau général & de renvoi, & un Bureau de comptabilité.

Les attributions de celui de renvoi, où se fait l'ouverture de tous les paquets, consiste principalement à faire la distribution de toutes les affaires portées au Département dans les Bureaux des trois Divisions qui le composent. Le renvoi de chaque affaire est précédé de l'extrait exact qui en est fait, & porté aussitôt sur le registre du Département. Ce Bureau comprend aussi la correspondance très-étendue qu'exige le service, & le détail de diverses affaires qui ne tiennent à aucune des Divisions en particulier ou qui leur sont étrangères.

Il est composé d'un Chef & de trois Commis.

Laurent, Chef. 3,000
Duroy. 1,200
Cagmard. 1,200
Denohe. 1,200
Total. 6,600

Le Bureau de comptabilité comprend l'enregistrement des ordonnances de paiement, expédiées par le Département, dont aucune ne
doit

doit être acquittée par la caiffe de la Ville, que cette formalité n'ait été remplie ; les bordereaux des dépenfes générales & particulières de chacune des Divifions.

Il étoit également chargé de la vérification des feuilles ou rôles journaliers des Atteliers publics, de la confection, fur ces rôles, de la feuille de paye de chaque femaine, & de la tenue du regiftre à cet effet ; de l'expédition des ordonnances de paiement à faire, tant aux Employés dans lefdits Atteliers, que pour fourniture d'outils, uftenfiles & autres dépenfes relatives auxdits Atteliers publics.

La multiplicité des opérations dont cette comptabilité étoit chargée avant la fuppreffion des atteliers, avoit déterminé MM. les Adminftrateurs à fixer à neuf le nombre des perfonnes qui y font employées, favoir un Chef, un Sous-chef, & fept Commis.

M M.

DAVESNE, Chef.	3,600l.
CAYROL, Sous-chef.	2,400
THERRAY..	2,000
DROUET.	1,500
RAMBOURG.	1,500
LOMANT.	1,500
GRENIER.	1,200
FEUILLOY, l'aîné.	1,200
FEUILLOY, jeune.	1,200
VIEL, Garçon de bureau.	720
Total.	16,820

RÉCAPITULATION.

Ire Divifion.	66,820l.
IIme Divifion.	16,620
IIIme Divifion.	17,760
Bâtimens de la Ville.	67,820
Bureau central ou de renvoi.	6,600
Comptabilité	16,820
Total.	192,440

E

SECRÉTARIAT — GREFFE
DE LA MUNICIPALITÉ.

IL eſt diviſé en deux parties : le Secrétariat proprement dit, & le Greffe contentieux.

SECRÉTARIAT.

Les fonctions du Secrétaire greffier de la Municipalité, ont été indiquées par l'article LX du titre III du code municipal. « Le
» Secrétaire greffier & ſes Adjoints, eſt-il dit par cet article, tiendront
» la plume dans les Aſſemblées du bureau du Corps municipal &
» du Conſeil général; ils rédigeront les procès-verbaux & délibérations,
» & ils en ſigneront les extraits ou expéditions ſans frais, les brevets
» donnés par le Conſeil, par le Corps municipal ou par le Maire ;
» & ils feront d'ailleurs toutes les fonctions du Secrétariat & du
» Greffe ».

Ces différentes diſpoſitions ont reçu une extenſion prodigieuſe dans l'exécution des Loix poſtérieures qui ont encore multiplié les attributions du Secrétariat.

C'eſt de ce point que doivent partir, avec une ſcrupuleuſe exactitude, tous les Arrêtés dont l'exécution ne ſouffre aucun délai; d'abord il faut, après la rédaction, tranſcrire les procès-verbaux des délibérations tant du Conſeil général que du Corps & du Bureau municipal.

Enſuite, & indépendamment des expéditions partielles de tous les Arrêtés qui ſont adreſſés à M. le Maire, au Parquet, aux différens Départemens, aux Sections & même aux différens Particuliers qu'elles intéreſſent, il doit être fait deux expéditions en titres de chaque procès-verbal.

Le Secrétariat doit entretenir une correſpondance active avec le Public & les différentes parties de l'Adminiſtration; il eſt le dépôt légal de toutes les parties qui en dépendent, & que tout citoyen peut confulter à volonté ; il eft chargé de l'enregiftrement & tranfcription des Loix, des impreffions, de tous les envois, des atteftations & certificats de vie, des préliminaires de la preftation des fermens, des vifa, des certificats de domicile; enfin, il eft le centre commun de toutes les commiffions extraordinaires, foit du Confeil général, foit du Corps & du Bureau municipal.

On ne parle pas des occupations imprévues auxquelles il eft expofé; des commotions adminiftratives qui réfléchiffent néceffairement fur lui.

La tranfcription des Loix, très-arriérée dans ce moment; la liquidation des mémoires de frais dûs aux anciens Officiers miniftériels, par les Communautés religieufes; celle des dettes des anciennes Maîtrifes & Jurandes néceffiteront, fans doute, des Commis extraordinaires; auffi les Commis, que ces fortes d'objets pourront exiger momentanément, n'entreront point dans le nombre fixe, propofé par le Corps municipal.

Cette multiplicité d'opérations a néceffité une divifion dans le travail, pour en rendre la marche aifée & facile. Le premier Commis-chef eft chargé de la correfpondance, de furveiller les dépôts, de fuivre l'enregiftrement & les envois des Arrêtés. Deux autres Commis font chargés de tout ce qui eft relatif au Bureau municipal; deux, de ce qui concerne le Corps municipal; un du regiftre du Confeil général; & deux enfin de tout le travail acceffoire à la charge du Secrétariat.

Le nombre de huit Commis, non plus que les traitemens qui leur ont été attribués, ne paroîtront probablement pas fufceptibles de réduction, fi indépendamment de l'étendue de leurs occupations, on confidère qu'ils font toujours obligés d'attendre la fin des féances, foit du Corps Municipal, foit du Confeil-Général, & que les premières fur-tout fe terminent rarement avant dix heures & demie ou onze heures du foir.

Il faut ajouter que le travail du Secrétariat ne fouffrant aucune interruption, fouvent tous le Commis & toujours trois d'entr'eux font obligés de paffer au Bureau les dimanches & les fêtes.

Darrieux, premier Commis, Chef.   2,000
Joiron.   1,800
Maugirard.   1,800
Michaut.   1,500
Gosse.   1,500
Coustey.   1,500
Dubourget.   1,200
Gaillard.   1,200
 Un garçon de bureau.   720
   Total.   13,220

GREFFE CONTENTIEUX.

Le greffe eſt encore dans un état proviſoire, au moyen de l'ajournement prononcé ſur ce qui concerne M. Veytard; cet ancien Greffiet étoit tenu de remplir par lui-même, ou par deux Commis aſſermentés à l'audience, les fonctions du Greffe auprès du Tribunal Municipal, & de celui de Police; ces deux Commis ſont MM. Boyenval & Bois. Le premier, employé à l'Hôtel-de-Ville depuis trente ans, aſſiſte au Tribunal Municipal, rédige les ſentences, ſurveille les expéditions, & le travail du Greffe qui eſt conſidérable.

Le ſecond eſt ſpécialement attaché au Tribunal de Police. Les appointemens de M. Boyenval étoient de 3,000 liv.; il recevoit, en outre, de M. Veytard, comme Greffier, une ſomme de 1,200 liv.

Ceux de M. Bois étoient de 2,310 liv. & 900 liv. de M. Veytard.

Indépendamment de ces Commis, il y en a un troiſiéme & trois copiſtes aux expéditions du Greffe, & un garçon de bureau, ainſi qu'il eſt préſenté dans le tableau ci-deſſous; ſçavoir:

Boyenval. . . . .   3,000 ⎱
 En raiſon de trente ans de ſervice. . . .   1,000 ⎰   4,000
Bois.   3,000
Houdon.   1,800
Sauterey.   1,200
Hoyet.   1,200
Peillon.   1,200
Garçon de bureau.   720
   Total.   13,120

MAIRIE.

Les Bureaux de la Mairie, sous la direction de deux Chefs, sont en trois divisions.

La première est chargée du renvoi, dans les Départemens, des mémoires & demandes adressées à la Municipalité; la deuxième du contrôle de Comptabilité; & la troisième de la Correspondance.

CHEFS DES BUREAUX.

MM.

Dufour.	4,800 l.	} 9,600
Boucher.	4,800	

Iᵉʳ BUREAU.

Un Sous-Chef, cinq Commis, un garçon de Bureau.

Le Fevre, Sous-Chef.	2,400	
Briquet.	1,800	
Tilly.	1,500	
Quennedey.	1,500	} 10,320
De S.-Genies.	1,200	
Dufour.	1,200	
Garnier, garçon de Bureau.	720	

IIᵐᵉ BUREAU.

Un Sous-Chef, un Commis.

Garnison, Sous-Chef.	2,400	} 3,900
De Gombert.	1,500	

	23,820

De l'autre part. 23,820

IIIme B U R E A U.

Un Sous-Chef, six Commis, un garçon de Bureau.

DE LA ROQUE, Sous-Chef.	2,400	
ROUGET.	1,800	
CAIROL.	1,800	
HEBERT.	1,500	12,120
LERAUX.	1,500	
DEYTOR.	1,200	
HOGUET.	1,200	
BENE, garçon de Bureau.	710	

Total. 35,940

PARQUET DE LA COMMUNE.

Les Bureaux du Parquet de la Commune font compofés d'un Chef, trois fous-Chefs, & fept Commis.

MM.

Poriquet , Chef — l'emploi de Chef des Bureaux du Parquet exige des connoiffances acquifes. Il doit être en état de répondre fur toutes les affaires, tant de l'adminiftration dans fes divers départemens, que du Tribunal Municipal & du Tribunal de police. Il eft, en outre, chargé d'une correfpondance 'extraordinairement étendue, & de veiller à l'exécution de tous les Arrêtés de la Municipalité. Ces motifs ont décidé le Corps Municipal à accorder à M. Poriquet le même traitement qu'aux Chefs des Bureaux de la Mairie. . . . . . 4,800l.

Cuissart, fous-Chef — cette place exige un homme qui ait long-temps travaillé dans la Pratique, & qui, à une grande activité & à l'amour du travail, joigne celui de l'ordre & de la méthode. Les détails dont il eft chargé font immenfes; la police, la voierie contentieufe & adminiftrative, la préparation du grand nombre de caufes pourfuivies à la requête du Procureur de la Commune, aux audiences de police, l'examen des procès-verbaux des prifonniers jugés aux mêmes audiences, les renfeignemens à prendre fur ces prifonniers, ainfi que la correfpondance relative à tous ces objets. 3,000

Charpentier — partage avec M. Cuiffart tous les détails ci-deffus énoncés, & concourt, avec lui, à l'inftruction des affaires contentieufes & de police. 2,400

10,200

De l'autre part. . . . . 10,200l.

MM.

MARCHAND — feconde le Chef des Bureaux, comme
    M. Charpentier le fait dans le travail de M. Cuiffart. . 2,400
LEFÉVRE, Commis aux expéditions. 1,200
BACHELOT, *idem.* 1,200
MITOUFFLET, *idem.* 1,200
PORLIER, *idem.* 1,200
BRUNET, *idem.* 1,200
DESMOUSSEAUX, *idem.* 1,200
SILVESTRE, *idem.* 1,200
OSTER, garçon de Bureau. 720

                Total, ci. 21,720

BIBLIOTHÉQUE.

Les dépenses de la Bibliothéque comprennent le traitement d'un Sous-Bibliothécaire, d'un Commis, d'un garçon de Bibliothéque, le loyer & le fonds annuel employé à acheter des livres dont l'Etat est fourni par le Bibliothécaire.

M·M.

Ameilhon, Sous-Bibliothécaire.	1,800l.	
Tréchart, Commis.	1,200	
Berrel, garçon de Bibliothéque.	800	6,350
Le Portier.	150	
Loyer.	1,200	
Fonds de Livres.	1,200	

ARCHIVES.

Le Bureau des Archives est composé d'un Secrétaire - Commis, d'un second Commis, & d'un garçon des Archives.

M M.

Fournier.	1,500l.	2,100l.	
En raison de 18 années de service. .	600		4,320
. . . .	1,500		
Garçon des Archives.	720		

F

GARDE-NATIONALE.

L'ADMINISTRATION de la Garde-Nationale Parifienne n'eft point défignée dans le Décret fur la Municipalité de Paris, comme faifant partie des attributions d'un des cinq Départemens. Le Réglement en charge le Commiffaire-général, mais cet Officier n'ayant point été nommé par les Repréfentans de la Commune, on a du s'en rapporter, à cet égard, aux termes de l'Article IX, du Titre VIII du *Plan de la Municipalité provifoire*, où il eft dit, qu'elle eft chargée de régir « l'habillement, l'équipement, l'armement, la folde, le cafernement de » la Troupe foldée ; les fournitures des cafernes & corps-de-garde, » l'Hôpital Militaire ou les Etabliffemens qui en tiennent lieu, le » Bureau des fonds de cette partie, & généralement tous les détails » de l'entretien des Militaires ; qu'un Adminiftrateur de ce Dépar-» tement fera les fonctions de Commiffaire, &, au moins tous les » mois, la revue & infpection de chaque Compagnie ».

Cette Adminiftration eft partagée en quatre Divifions : le Commif-fariat, l'Armement, les Cafernes & l'Habillement.

A la première eft affecté le contrôle de chaque Compagnie, l'en-regiftrement des recrues, des congés abfolus, des mutations, des revues, d'après lefquelles le Commiffaire fait dreffer les états de décompte de folde & de fubfiftance de l'infanterie, de la cavalerie, chaffeurs, cano-niers & du bataillon des Ports. Il a, en outre, l'adminiftration de l'Hôpital.

La deuxiéme comprend tout ce qui concerne les armes, l'équipe-ment, la bufleterie, les caiffes de tambours, l'artillerie des Bataillons, les munitions & la poudre de guerre.

La troifiéme, le loyer des cafernes & corps-de-garde, leur ameu-blement & l'entretien, le bois & la lumière.

La quatriéme comprend les marchés pour fournitures d'étoffes & effets, la façon & les réparations des habits, & les Magafins.

Refponfables envers la Commune d'objets dont la valeur s'éléve à une fomme confidérable, les Adminiftrateurs doivent en faire furveiller l'exiftence & la tenue, par des Prépofés à cet effet, qui font chargés, en outre, de conftater les demandes multipliées que néceffite journellement un fervice auffi étendu que celui de la Garde-Nationale.

Trois Adjudans-Commiffaires, qui ont chacun deux Divifions de l'Armée, font employés à ce fervice.

ADJUDANS-COMMISSAIRES.

MM.

MAUBANT. . . . . 1,500l.
SAVARD 1,500
DE L'EPINE. 1,500
                                                    ————
                                                    4,500

Les Bureaux font compofés d'un Chef, un fous-Chef, onze Commis, un Chef de l'habillement, un Contrôleur, trois Garçons de Bureaux, deux Gardes-Magafins.

BUREAU CENTRAL.

MM.

DE ROCQUANCOURT, Chef — la direction du travail, la
    correfpondance. 3,600
BOURNONVILLE, la tenue du Regiftre d'ordre de toutes les
    affaires du Département 1,800
GIRAUDET, le journal général des demandes, l'extrait des
    mémoires, &c. 1,500
RÉANT, Commis aux écritures. 1,200
                                                    ————
                                                    8,100

COMMISSARIAT.

MM.

BARRÉ , — les contrôles, les états de revues , les extraits de décompte, de folde, de maffe & de fubfiftance. . .   1,800

DAVID, — l'enregiftrement de toutes les forties du Corps, telles que congés , morts, défertions. Les engagemens des recrues, les ordonnances pour leur habillement & armement.   1,800

FORGET — chargé des mêmes fonctions que les deux Commis ci-deffus, & leur adjoint, attendu que le travail eft confidérable.   1,500

                                              5,100

ARMEMENT.

DEVILLERS, fous-Chef — les états de diftribution des fufils, fabres, gibernes & banderoles, la réparation des armes.   2,400

LAFONTAINE — la conftruction des affuts, les états de tout ce qui a rapport aux livraifons pour l'artillerie, la diftribution des cartouches , gargouffes, & munitions.   1,800

PRÉVOT, garde-magafin des cartouches à l'Arfenal. . . .   1,000

COLLET, garçon de magafin des armes à l'Hôtel-de-Ville.   720

                                              5,920

CASERNEMENT.

DUFIU — les loyers des cafernes & corps-de-garde ; les mémoires des Fourniffeurs à vérifier ; tous les objets du cafernement ; les états de bois & de lumières. . .   2,000

LAFONTAINE , Commis aux écritures.   1,500

DE STE-AGATHE, garde-magafin des effets du cafernement, chargé de faire blanchir les draps, rebattre les matelas , & les réparations, &c.   1,500

PAUL, garçon de magafin.   720

                                              5,720

MM. HABILLEMENT.

LAURENT, Chef — la direction de l'habillement, les comptes
 des fournisseurs, la distribution du travail aux tail-
 leurs, & pour les réparations, la réception des
 ouvrages. . . . . 3,000l.
GROSSIER, Contrôleur, tient les livres en parties doubles,
 surveille les ouvriers & les livraisons. 2,000
LE NIEPS, Garde magasin. 2,000
MATHON, garçon de bureau. 720
             ———
             7,720

Notà. *Le Garde magasin supprimé* à compter du premier Septembre,
attendu que les effets de petite monture font actuellement délivrés
en argent à la troupe.

COMPTABILITÉ.

CALONNE, tient le journal général de la comptabilité, &
 expédie les ordonnances. . . , ... 1,500
MARCILLAC — la liquidation des mémoires de l'arriéré; le
 regiftre formant le compte de chaque compagnie; le
 regiftre des Arrêtés du Confeil & du Bureau
 Municipal. 1,500
CIOR, garçon des Bureaux. 800
             ———
             3,800

RÉCAPITULATION.

Adjudans-Commiffaires. . . . . 4,500l.
Bureau Central. 8,100
Commiffariat. 5,100
Armement. 5,920
Cafernement. 5,720,
Habillement. 7,720
Comptabilité. 3,800
             ———
            40,860

CONCIERGES.

Le Concierge de la l'Hôtel de la Mairie.	1,000l.
Le Portier.	900
Le Concierge des Magasins de la Ville, au Palais Cardinal.	600
Le Concierge de l'Hôtel-de-Ville, — chargé de tenir à ses frais un garçon de peine pour le service de l'intérieur.	2,400
Le Portier de la Grille au fond de la Cour — chargé du service de l'appartement de M. le Maire & des Bureaux de M. le Procureur de la Commune. . .	1,000
Le Concierge des Prisons de l'Hôtel-de-Ville.	1,000
	6,900

RÉCAPITULATION GÉNÉRALE.

Subsistances.	116,210 liv.
Police.	101,020
Domaines & Finances.	63,820
Etablissements publics.	29,000
Travaux publics	192,440
Secrétariat	13,120
Mairie	35,940
Parquet.	21,720
Bibliothéque.	6,350
Archives.	4,320
Garde - Nationale.	40,860
Concierges	6,900
Total.	631,700 liv.

Le total général des dépenses des Bureaux de l'Administration Municipale, s'éléve à six-cents trente-un mille sept-cents livres.

Signé, CH.-JOS. VIGUIER CURNY, *Rapporteur.*

Extrait des Registres des Délibérations du Corps Municipal, du 16 Juin 1791.

LE CORPS MUNICIPAL, après avoir entendu la lecture du Rapport sur l'Organisation des Bureaux, dont les appointements des Commis & Employés ont été réglés, provisoirement, dans les Séances précédentes, arrête que ce Rapport sera soumis au Conseil - Général de la Commune.

Signé, BAILLY, Maire ; DEJOLY, Secrétaire-Greffier.

De l'Imprimerie de LOTTIN, l'*aîné*, & de J.-R. LOTTIN, Imprimeurs de la Municipalité , rue S.-André-des-Arcs , n° 27, 1791.

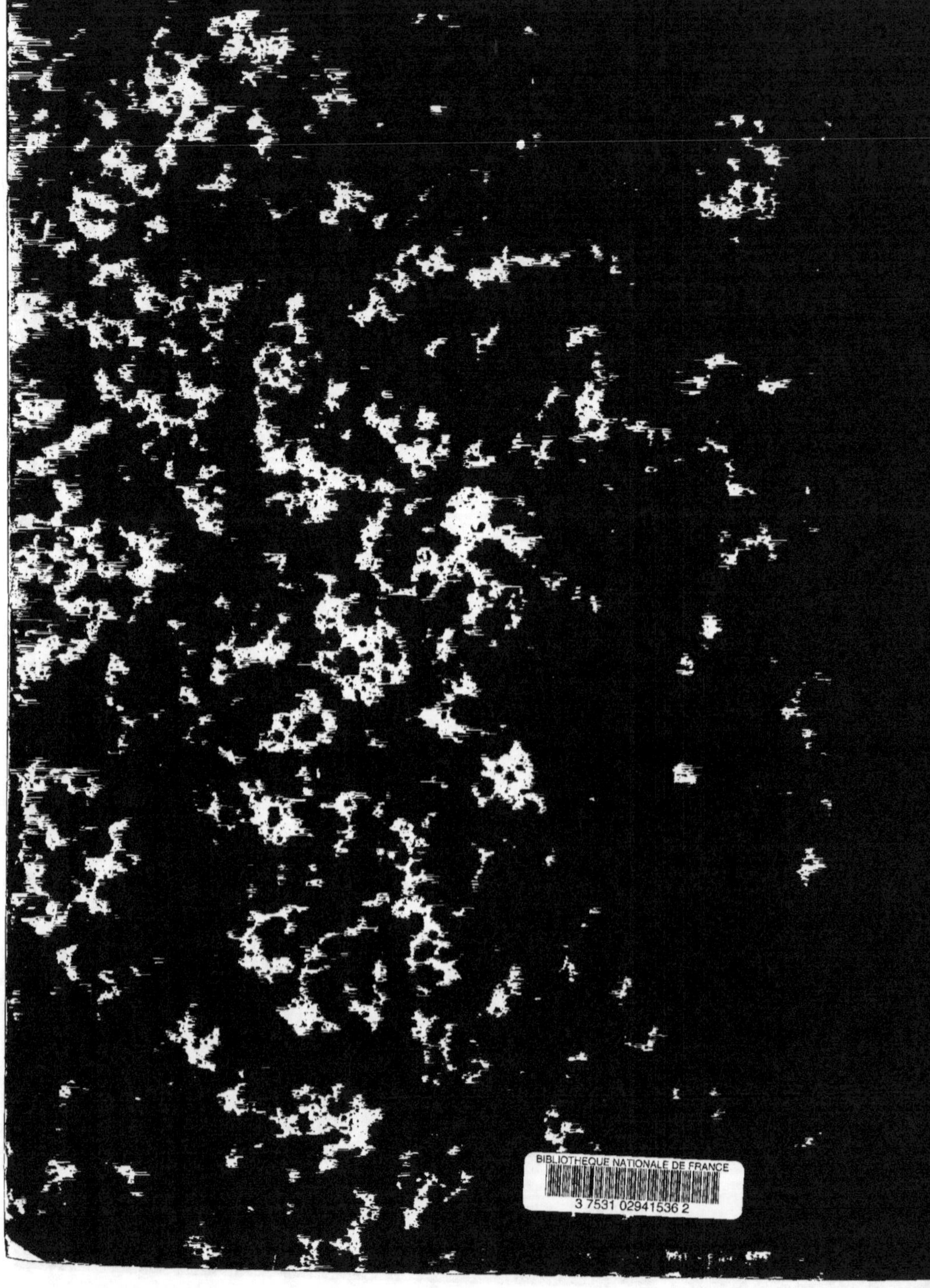

BIBLIOTHEQUE NATIONALE DE FRANCE
3 7531 02941536 2